BEI GRIN MACHT SICH IHR WISSEN BEZAHLT

- Wir veröffentlichen Ihre Hausarbeit, Bachelor- und Masterarbeit

- Ihr eigenes eBook und Buch - weltweit in allen wichtigen Shops

- Verdienen Sie an jedem Verkauf

Jetzt bei www.GRIN.com hochladen und kostenlos publizieren

Tobias Meints

Die Programmatik der Sozialdemokratischen Partei Deutschlands eingebettet in den historischen Kontext von 1875-2007

GRIN Verlag

Bibliografische Information der Deutschen Nationalbibliothek:

Die Deutsche Bibliothek verzeichnet diese Publikation in der Deutschen National-
bibliografie; detaillierte bibliografische Daten sind im Internet über http://dnb.d-
nb.de/ abrufbar.

Impressum:

Copyright © 2007 GRIN Verlag GmbH
Druck und Bindung: Books on Demand GmbH, Norderstedt Germany
ISBN: 978-3-638-91519-9

Dieses Buch bei GRIN:

http://www.grin.com/de/e-book/87009/die-programmatik-der-sozialdemokratischen-
partei-deutschlands-eingebettet

GRIN - Your knowledge has value

Der GRIN Verlag publiziert seit 1998 wissenschaftliche Arbeiten von Studenten, Hochschullehrern und anderen Akademikern als eBook und gedrucktes Buch. Die Verlagswebsite www.grin.com ist die ideale Plattform zur Veröffentlichung von Hausarbeiten, Abschlussarbeiten, wissenschaftlichen Aufsätzen, Dissertationen und Fachbüchern.

Besuchen Sie uns im Internet:

http://www.grin.com/

http://www.facebook.com/grincom

http://www.twitter.com/grin_com

Carl von Ossietzky
Universität Oldenburg

Studiengang Diplom-Sozialwissenschaften

Referatsausarbeitung

Themenstellung:

Die Programmatik der Sozialdemokratischen Partei Deutschlands eingebettet in den historischen Kontext von 1875-2007

vorgelegt von: Tobias Meints

Inhaltsverzeichnis

1. Problemexposition

Die vorliegende Ausarbeitung setzt sich mit der Programmatik der ältesten deutschen Partei sowie ihrer historischen Entwicklung auseinander. Eingegliedert in den historischen Kontext werden die sieben Grundsatzprogramme von 1875-2007 untersucht. Anhand der Programme wird die politische Orientierung der Partei aufgezeigt und ihr Weg von der Arbeiterpartei zur allgemeinen Volkspartei. Sowie die Rückorientierung von der Politik der „Neuen Mitte" zum linken Teil des Parteienspektrums.

2. Geschichtliche Entwicklung der Partei und ihrer Programme

Da eine Analyse der Grundsatzprogramme nur Sinn ergibt, wenn man sie unter den politischen und gesellschaftlichen Gegebenheiten ihrer Zeit betrachtet, setzt sich der Hauptteil dieser Ausarbeitung mit der deutschen Geschichte auseinander und der Rolle der SPD.

2.1. Gründungsgeschichte

Die Geschichte der Sozialdemokratie in Deutschland beginnt mit der Gründung des „Allgemeinen Deutschen Arbeitervereins" (ADAV) unter Ferdinand Lassalle. Der ADAV schließt sich 1875 mit der „Sozialdemokratischen Arbeiterpartei" (SDAP) zusammen, die ihrerseits 1869 von August Bebel und Wilhelm Liebknecht gegründet worden ist. Aus diesem Zusammenschluss entsteht auf dem Gothaer Vereinigungsparteitag die „Sozialistische Arbeiterpartei" (SAP) und das erste Grundsatzprogramm wird beschlossen.[1]

2.1.1 Gothaer Grundsatzprogramm von 1875

Das erste Grundsatzprogramm orientiert sich an der Auslegung der marxistischen Lehre. Die SAP ist neben der parlamentarischen Arbeit auch außerparlamentarisch engagiert. Das Parlament diente als Bühne zur Darstellung der eigenen Wertevorstellungen und Ideale. So wird im ersten Grundsatzprogramm die kapitalistische Gesellschaft kritisiert, ebenso wie die Ausnutzung der Arbeiterschaft und deren Abhängigkeit von den Großkapitalisten. Die Brisanz dieser Thematik liegt in der Tatsache, dass die Industrialisierung im Deutschen Reich eine Phase des immensen Wachstums erreicht hat und die Arbeitsbedingungen teilweise katastrophal anmuten. Das

---

[1] Vgl. Potthoff/Miller, 2002, S.31ff.

bekannteste Beispiel hierfür ist die Kohleförderung und Stahlerzeugung im Wirtschaftsraum „Ruhrgebiet".[2]

Die SAP befürwortet eine Vergesellschaftung der Produktionsmittel und die „Befreiung der Arbeiterklasse". Zentrale Forderungen sind ein freier Staat und eine sozialistische Gesellschaft, die Abschaffung der Lohnarbeit und Aufhebung der Ausbeutung, die Beseitigung aller politischen und sozialen Ungleichheit sowie die allgemeine Verbesserung der Situation für die Arbeiterklasse.

Damit einhergehend sind Forderungen nach einer geregelten Arbeitszeitpolitik, einem Schutz der Arbeiter und einem Verbot von Kinderarbeit erhoben worden. Weitere politische Forderungen sind ein allgemeines, gleiches, direktes Wahl- und Stimmrecht, das Recht auf freie Meinungsäußerung sowie einer allgemeinen Volkserziehung und Schulpflicht.[3]

2.2. Die SAP unter der Sozialistengesetzgebung Bismarcks

Die SAP wird im Zuge der Sozialistengesetzgebung 1878 in ganz Deutschland verboten. Im Zuge dessen kommt es zu Verhaftungen und einer strukturellen Zerschlagung, welche die Partei jedoch nicht zerbrechen lässt, sondern letztendlich ihre Basis festigt. Auf Grund des Persönlichkeitswahlrechts kann die Reichstagsfraktion der SAP ihre Politik unbehelligt fortsetzen, erreicht bei den Reichstagswahlen 1890 20% der Wählerstimmen und wird erstmalig stärkste Fraktion im Parlament. Im selben Jahr wird das Sozialistengesetz aufgehoben und die SAP kann ihre regionalen Strukturen wieder aufbauen und reorganisieren. Am 18. Okt. 1890 hält die Partei ihren ersten legalen Parteitag nach den Sozialistengesetzen in Halle ab.[4] Auf diesem Parteitag wird die Umbenennung in „*Sozialdemokratische Partei Deutschlands*" (SPD) beschlossen.[5]

2.2.1. Erfurter Grundsatzprogramm von 1891

Auf dem Parteitag der SPD in Erfurt 1891 wird das „Erfurter Grundsatzprogramm" verabschiedet. Dieses gilt als die Rückkehr zur reinen marxistischen Lehre. War das Programm von 1875 durch den ADAV stark geprägt, der eine abweichende Einstellung zum Marxismus eingenommen hat, stellt das neue Programm einen Wende-

---

[2] a.a.O., S.41ff
[3] Vgl. Wortlaut des Programms: http://www.marxists.org/deutsch/geschichte/deutsch/spd/1875/gotha.htm
Zugriffsdatum: 13.12.2007 15:53
[4] Vgl. Noß/Brill/Müller, 2004, S. 22
[5] Vgl. Potthoff/Miller, 2002, S. 48ff

punkt dar. Das „Erfurter Programm" setzt auf einen dogmatischen Marxismus, gegen die sozialreformistischen Ideale der freien Gewerkschaften.[6] Der Kampf der Arbeiterklasse gegen die kapitalistische Ausbeutung wird als politischer Kampf definiert, was terroristische Aktionen gegen den Staat und das Gesellschaftssystem ausschließt. Auf diese Weise wird sichergestellt, dass keine Berufung auf das Programm der SPD bei Anschlägen auf die Strukturen des Kaiserreichs möglich ist.

Nicht nur die Befreiung der Arbeiterschaft wird propagiert. Vielmehr wird damit geworben, dass eine gesellschaftliche Veränderung Vorteile für alle Bevölkerungsschichten mit sich bringen würde.

Viele der zentralen Forderungen aus Gotha sind übernommen worden. So werden weiterhin eine Verbesserung der Arbeitsbedingungen und eine gerechte Lohnpolitik eingefordert. Neue Forderungen sind hingegen die Unentgeltlichkeit der Rechtspflege und des Rechtsbeistandes, die Unentgeltlichkeit der ärztlichen Hilfeleistungen, eine direkte Gesetzgebung durch das Volk, die Weltlichkeit der Schulen sowie eine strikte Säkularisierung.[7]

2.3. Kaiserreich

1912 stellt die SPD erstmals die mitgliederstärkste Fraktion im Reichstag. Ihre Wähler rekrutieren sich hauptsächlich aus der konfessionslosen Arbeiterschaft sowie aus dem Mittelstand. Am 4. Aug. 1914 billigt die SPD die „Kriegskredite zur Landesverteidigung" und schließt wie die anderen Reichstagsparteien den so genannten „Burgfrieden", der einen „parlamentarischen Waffenstillstand" bedeutet. Kritik am Krieg und der parteiinternen Haltung führen 1917 zur Spaltung der SPD. Der linke Flügel gründet sich als *„Unabhängige Sozialdemokratischen Partei"* (USDP) neu und orientiert sich politisch an der linken *„Kommunistischen Partei Deutschlands"* (KPD). Die SPD benennt sich im Zuge dessen in *„Mehrheitssozialdemokratische Partei Deutschlands"* (MSDP) um und stellt 1918 erstmals zwei Staatssekretäre. Einer von ihnen ist Phillip Scheidemann, der am 9. Nov. 1918 die Republik ausruft[8]. Mit Friedrich Ebert wird erstmals ein Sozialdemokrat zum Reichskanzler.[9]

---

[6] a.a.O., S. 54ff.
[7] Vgl. Wortlaut des Programms: http://www.marxists.org/deutsch/geschichte/deutsch/spd/1891/erfurt.htm Zugriffsdatum 13.12.2007 15:58
[8] Vgl. Noß/Brill/Müller, 2004, S. 64
[9] Vgl. Potthoff/Miller, 2002, S. 74ff.

2.3.1. Görlitzer Programm von 1921

1921 beschließt die SPD in Görlitz ein neues Grundsatzprogramm, das dazu dienen soll, sich nachhaltig von der USPD zu distanzieren und neue Wählergruppen anzusprechen. Erstmalig ist die Tendenz zu erkennen, dass die SPD sich von einer reinen Arbeiterpartei zu einer Volkspartei entwickeln will. Sie definiert sich selber als die „Partei der arbeitenden Bevölkerung in Stadt und Land" hält jedoch weiter an den Idealen des Klassenkampfes fest. Die Programmatik enthält außerdem ein definitives Bekenntnis zur Republik. Auf diese Weise distanziert sich die Partei von republikfeindlichen Gruppierungen, die zu dieser Zeit mit Waffengewalt gegen republiktreue Politiker und Sympathisanten vorgehen.[10]

Die außerparlamentarische Gewalt dieser Zeit geht von den Freicorps aus, ebenso wie von Terrororganisationen, die aus diesen hervorgegangen sind.[11]

> „Sie betrachtet die demokratische Republik als die durch die geschichtliche Entwicklung unwiderruflich gegebene Staatsform, jeden Angriff auf sie als ein Attentat auf das Lebensrecht des Volkes." (Görlitzer Programm 1921)

Neben den gängigen Forderungen kommen nun noch Appelle nach einer republikanischen Justiz, einer Neuregelung der Regionalpolitik und der Revision des Versailler Vertrages hinzu.[12]

2.3.2. Heidelberger Programm von 1925

Bereits nach vier Jahren wird das Programm von Görlitz durch das von Heidelberg ersetzt. Im Gegensatz zu seinem reformorientierten Vorläufer orientiert sich das Heidelberger Grundsatzprogramm an dem von Erfurt von 1891.[13]

Die Partei orientiert sich erneut nach links und geht stärker auf den Charakter als Arbeiterpartei ein, als zuvor. Deutlich wird die Forderung nach einem Zusammenschluss der Arbeiter Europas unter den Sozialdemokratischen Parteien. Der Klassenkampf wird auch weiterhin propagiert, doch unter einem veränderten Credo. Es geht nicht mehr einzig um die Verbesserung der Lebensbedingungen für die Arbeiter. Vielmehr soll die Überwindung des Kapitalismus eine Verbesserung für alle Bevölke-

---

[10] a.a.O, S. 113ff
[11] Vgl. Elias, 1989, S. 277ff.
[12] Vgl. Wortlaut des Programms: http://www.marxists.org/deutsch/geschichte/deutsch/spd/1921/goerlitz.htm
Zugriffsdatum: 13.12.2007 16:04
[13] Vgl. Potthoff/Miller, 2002, S. 120

rungsschichten mit sich bringen. Weitere Forderungen sind der nachhaltige Schutz der Republik, die Durchsetzung von Friedensinitiativen und dauerhafte Abrüstung, die Schaffung eines geeinten Europas, sowie die Gleichstellung aller Bürger unabhängig von Geschlecht, Bildung und Herkunft.[14]

Die Forderung nach einer Demokratisierung des Völkerbundes ist zu erklären durch die Verweigerung der Aufnahme Deutschlands (die ein Jahr später erfolgen sollte), obwohl Österreich der Beitritt bereits einige Jahre zuvor angeboten worden war.[15]

2.4. Weimarer Republik und Nationalsozialismus

1928 übernimmt mit Hermann Müller erstmalig wieder ein Sozialdemokrat das Amt des Reichskanzlers. Die bürgerliche Koalition bricht unter dem Eindruck der Weltwirtschaftskrise und der nachhaltigen Verschlechterung der wirtschaftlichen Bedingungen zusammen.[16] Die Ernennung Adolf Hitlers zum Reichskanzler am 30. Jan. 1933 bedeutet das vorläufige Ende der SPD.[17] Bekennt sich Otto Wels am 23. März 1933 mit seiner berühmt gewordenen Rede im Reichstag zur parlamentarischen Demokratie und lehnt das nationalsozialistische Ermächtigungsgesetz ab[18], kommt es am 22. Jun. 1933 zum Verbot der SPD und zur Zerschlagung der Organisationsstruktur.[19] Viele Parteimitglieder gehen über Frankreich ins britische Exil.

An dem Attentat auf Hitler vom 20 Juni 1944 sind neben dem bekanntesten Protagonisten Claus Schenk Graf von Stauffenberg auch Sozialdemokraten wie Carl Friedrich Goerdeler und Wilhelm Leuschner beteiligt. Konrad Adenauer, der spätere Kanzler der Bundesrepublik wird unter dem Verdacht der Mittäterschaft verhaftet, auf Grund mangelnder Beweise aber wieder entlassen.[20]

2.5. Der bundesdeutsche Neubeginn

Direkt nach Kriegsende im April 1945 nimmt die SPD die Parteiarbeit wieder auf. Kurt Schumacher beginnt in Hannover mit dem Wiederaufbau der SPD. Das „Büro Dr.

---

[14] Vgl. Wortlaut des Programms: http://www.marxists.org/deutsch/geschichte/deutsch/spd/1925/heidelberg.htm Zugriffsdatum: 13.12.2007 16:07
[15] Vgl. Potthoff/Miller, 2002, S. 121ff.
[16] Vgl. Potthoff/Miller, 2002, S. 124ff.
[17] a.a.O., S. 144ff.
[18] Vgl. Noß/Brill/Müller, 2004, S. 24 /.64ff.
[19] Vgl. Potthoff/Miller, 2002, S. 146
[20] a.a.O., S. 155ff.

Schumacher" wird Anlaufstelle zum Neuaufbau der Partei. Schumacher vertritt die Vorstellung einer „sozialistischen Demokratie".[21]

Im Mai 1946 meldet Otto Grotewohl aus der sowjetischen Besatzungszone Führungsansprüche an, die Schumacher konsequent zurückweist und daraufhin zum Parteivorsitzenden der West-SPD gewählt wird. Bei den Bundestagswahlen 1949 unterliegt Schumacher bei der Wahl zum Bundeskanzler Konrad Adenauer mit nur einer Stimme. Die Wahl zum Bundespräsidenten verliert er ebenfalls und Theodor Heuss übernimmt das Amt. Schumacher wird Oppositionsführer und opponiert gegen die Westannäherung der BRD und betreibt einen strikten antikommunistischen Kurs. Auch direkte verbale Angriffe auf Kanzler Adenauer hat es gegeben. Der SPD Parteivorsitzende wird im Zuge dessen für zwanzig Sitzungstage ausgeschlossen, nachdem er Adenauer als „Kanzler der Alliierten" bezeichnet hatte. Schumacher prägt die Partei und nach seinem Tod am 20. Aug. 1952 setzt Erich Ollenhauer die Parteipolitik fort und übernimmt den Parteivorsitz.[22]

Die gravierenden Niederlagen bei den Bundestagswahlen 1953/ 1957[23] lösen innerhalb der Partei eine Grundsatzdebatte aus. Die SPD gilt bei vielen Konservativen dieser Zeit als nicht wählbar, aufgrund ihres strikten Kurses zur Neutralität und der Konsequenten Opposition zur „Christlich Demokratischen Union Deutschlands" (CDU).[24]

2.5.1. Godesberger Grundsatzprogramm von 1959

Ein neues Grundsatzprogramm soll dieses Problem der SPD beseitigen und gleichzeitig für eine Neuorientierung sorgen. Unter der Mitarbeit von Herbert Wehner wird ein neues Programm verfasst und auf dem Parteitag in Godesberg vorgestellt[25].

Die SPD verabschiedet sich mit dem Godesberger Programm von der marxistischen Lehre und wandelt sich zu einer Volkspartei. Auf diese Weise sollten neue Wählerschichten erschlossen werden.

Mit dem Abschied von Idealen wie dem „Klassenkampf" und der „Vergesellschaftung" und der Akzeptanz der „Sozialen Marktwirtschaft" als Wirtschaftsform der Bundesrepublik legt die SPD das Image der sozialistischen Arbeiterpartei ab. Die Aufhebung

---

[21] a.a.O., S. 175f.
[22] a.a.O., S. 200f.
[23] Vgl. Noß/Brill/Müller, 2004, S. 27
[24] Vgl. Potthoff/Miller, 2002, S. 208
[25] a.a.O., S. 211ff.

der Deutschen Neutralität gegenüber dem Westen sowie die Akzeptanz der Bundeswehr und damit der Landesverteidigung machen die SPD zu einer wählbaren Partei. Weitere Forderungen des Programms sind der Schutz der Demokratie, eine kontrollierte Abrüstung, die Überwindung der deutschen Teilung und nachhaltiger Friedenssicherung. Weiterhin setzt sich das Programm mit einem gerechten Sozialstaat und der Unterstützung der sozial Schwachen auseinander.[26]

2.6. Die SPD in der Regierungsverantwortung

Bereits kurze Zeit nach dem Godesberger Grundsatzparteitag zeigen sich erste Wahlerfolge. 1961 wird Willy Brandt Kanzlerkandidat der SPD und nach dem Tod Ollenhauers 1964 Parteivorsitzender. Die Mitarbeit an der Regierung in der großen Koalition unter Kanzler Kurt-Georg Kiesinger und Willy Brandt als Vizekanzler sowie Außenminister zeigt, dass der SPD als etablierter Partei durch die Umstellung der Parteiprogrammatik Vertrauen entgegen gebracht wird.[27]

Nach dem Scheitern der großen Koalition kommt es zur ersten sozialliberalen Koalition der Geschichte der Bundesrepublik. Brandt wird Kanzler und setzt seinen Kurs der Versöhnung mit dem Osten fort. 1972 scheitert ein Misstrauensvotum gegen Kanzler Brandt an der Bestechlichkeit zweier Unionspolitiker.[28] Brandt kann seine Kanzlerschaft fortführen, bis 1974 Günther Guillaume, ein enger Vertrauter des Kanzlers als Spion der Staatssicherheit enttarnt wird.[29] Helmut Schmidt tritt die Nachfolger Brandts an. Im Zuge der innerdeutschen Unruhen und den Auswirkungen des „Kalten Krieges" scheitert Schmidts Koalition an der Diskussion über den „Nato-Doppelbeschluss".[30] Erstmalig in der deutschen Geschichte wird ein Kanzler durch ein Misstrauensvotum seines Amtes enthoben. Helmut Kohl tritt das Amt des Bundeskanzlers an und die SPD übernimmt erneut die Rolle der Oppositionspartei.[31]

---

[26] Vgl. Wortlaut des Programms:
http://www.dhm.de/lemo/html/dokumente/DieZuspitzungDesKaltenKrieges_programmGodesbergerProgramm/
Zugriffsdatum 13.12.2007 16:18
[27] Vgl. Potthoff/Miller, 2002, S. 222ff
[28] Vgl. Noß/Brill/Müller, 2004, S. 27
[29] Vgl. Potthoff/Miller, 2002, S. 238ff
[30] a.a.O., S. 259fgf.
[31] a.a.O., S. 270ff.

2.7. Erneute Opposition während der Ära Kohl

Mit dem Zusammenbruch des Ostblocks und dem Mauerfall festigt die CDU ihre Regierungsmacht. Kohl wird zum „Kanzler der Einheit" und erhält durch diesen Umstand einen immensen Amtsbonus.

Die SPD vereinigt sich auf dem Parteitag vom 26. Sept. 1989 mit der gerade gegründeten „*Sozialdemokratischen Partei der DDR*" (SDP) und beschließt in Berlin ein neues Grundsatzprogramm.[32]

Hat Helmut Kohl mit einer schnellen Wiedervereinigung geworben und so die Bevölkerung der ehemaligen Deutschen Demokratischen Republik auf die Linie der CDU „eingeschworen" warnt der Kanzlerkandidat der SPD Oskar Lafontaine vor einer „überschnellen Wiedervereinigung" und der Möglichkeit der Unbezahlbarkeit der Selben.[33] Die SPD erlebt auf diese Weise das schlechteste Wahlergebnis bei einer Bundestagswahl seit 1953.[34]

2.7.1. Berliner Grundsatzprogramm von 1989

In der Präambel des Berliner Programms definierten sich die Sozialdemokraten über den Wunsch nach einem friedlichen Zusammenleben und erstmalig über den Schutz der Natur.

„Wir Sozialdemokraten, Frauen und Männer, kämpfen für eine friedliche Welt und eine lebensfähige Natur, für eine menschenwürdige, sozial gerechte Gesellschaft. Wir wollen Bewahrenswertes erhalten, lebensbedrohende Risiken abwenden und Mut machen, Fortschritt zu erstreiten. Wir wollen Frieden" (Berliner Programm 1989)

Das Erreichen der Wiedervereinigung bedeutet die definitive Erfüllung einer Hauptforderung des Godesberger Programms, die Überwindung der Teilung Deutschlands. Im Zuge dessen wird im neuen Grundsatzprogramm auf Problemfelder der Zeit Bezug genommen. Neben einer Gleichstellung der Menschen in West und Ost, der Überwindung des Rüstungswettlaufes kommen Forderungen zu einer nachhaltigen Nutzung der natürlichen Ressourcen auf. Die Schaffung einer solidarischen Gesell-

---

[32] a.a.O., S. 323ff / 327ff.
[33] Vgl. Noß/Brill/Müller, 2004, S. 29
[34] Vgl. Potthoff/Miller, 2002, S. 349ff.

schaft soll über die innere Einigkeit des deutschen Volkes erfolgen. Außerdem stellt die Partei die Forderung nach einem parteiübergreifenden Reformwillen auf.[35]

2.8. Rot-Grüne Koalition

1998 setzt sich Gerhard Schröder als Kanzlerkandidat der SPD in der Bundestags-wahl gegen Helmut Kohl durch und es kommt zur ersten rot-grünen Koalition in der Geschichte Deutschlands. Die SPD rückt von ihrer linken Position ab und etabliert sich als „Neue Mitte". Dieser Umstand sorgt für Zuspruch aber auch heftige Kritik in den eigenen Reihen.[36] Mit der Ausarbeitung des Konzepts „Agenda 2010" zur Re-formierung des Sozialsystems und des Arbeitsmarktes wird das größte Reformpaket im wiedervereinigten Deutschland auf den Weg gebracht.[37]

Unzufriedenheit mit dem neuen konservativen Auftreten der Partei ist der Auslöser für die Abspaltung des linken Flügels der Partei. Dies bedingt die Gründung der „Wahlinitiative Arbeit und soziale Gerechtigkeit e.V." in der sich die ehemaligen Par-teimitglieder sammeln, die mit der Politik der „Neuen Mitte" keine Vereinbarkeiten mehr sehen. Aus der Initiative wird 2004 „Die Wahlalternative" (WASG), welcher 2005 der ehemalige Parteivorsitzende Oskar Lafontaine beitritt, wird im Juni 2007 mit der Linkspartei zur „Die Linke" vereint.

Im September 2005 finden vorgezogene Bundestagswahlen statt. Das Ergebnis ist die zweite große Koalition in der Geschichte Deutschlands unter Kanzlerin Angela Merkel sowie Vizekanzler und Arbeitsminister Franz Müntefering. 2006 wird Kurt Beck neuer Parteivorsitzender und Frank Walter Steinmeier übernimmt 2007 nach dem Rücktritt Münteferings das Amt des Arbeitsministers und Vizekanzlers.[38]

2.8.1. Hamburger Grundsatzprogramm von 2007

Die Frage nach einer parteiinternen Neuorientierung und der Notwendigkeit eines neuen Grundsatzprogramms führte 2007 zur Vorstellung des Hamburger Pro-gramms. In ihm wendet sich die SPD explizit vom Image der Partei der „Neuen Mitte" ab und definiert ein neues links orientiertes Parteiprofil. Mit Hilfe des neuen Pro-gramms sollen die Herausforderungen des 21. Jahrhunderts in Angriff genommen

---

[35] Wortlaut des Programms:
http://www.spd-schleswig-holstein.de/docs/1118733935_programmdebatte_grundsatzprogramm.pdf
Zugriffsdatum: 13.12.2007 16:26
[36] Vgl. Noß/Brill/Müller, 2004, S. 30
[37] Vgl. http://www.spd.de/menu/1682331/ Zugriffsdatum: 13.12.2007 16:34
[38] Vgl. http://www.spd.de/menu/1733955/ Zugriffsdatum: 13.12.2007 16:35

werden. So ist eine der zentralen Forderungen die Sicherung der ökologischen Lebensgrundlagen sowie des Friedens in einer solidarischen Gesellschaft in einem gefestigten Europa.[39]

Acht konkrete Forderungen stellt das Parteiprogramm unter der Überschrift „Was wir wollen":

1. Wir wollen eine friedlichere und gerechtere Welt.
2. Wir wollen das soziale und demokratische Europa.
3. Wir wollen eine solidarische Bürgergesellschaft, eine Kultur des Respekts und der Anerkennung und einen handlungsfähigen demokratischen Staat.
4. Wir wollen die Gleichstellung der Geschlechter verwirklichen.
5. Wir wollen durch qualitatives Wachstum Wohlstand und Lebensqualität für alle ermöglichen und unsere natürlichen Lebensgrundlagen schützen.
6. Wir wollen gute Arbeit und gerechten Lohn für alle.
7. Wir wollen den vorsorgenden Sozialstaat, der Sicherheit, Teilhabe und gleiche Lebenschancen gewährleistet.
8. Wir wollen bessere Bildung.[40]

3. Fazit

Die SPD hat sich in ihrer langen Parteigeschichte von einer marxistisch geprägten Arbeiterpartei zu einer Volkspartei gewandelt. Die Regierungszeit Schröder hat den konservativen Charakter der Partei aufgezeigt und die Orientierung fort von einem linken Parteiimage. Die erneute Abkehr von der Politik der „Neuen Mitte" und die Orientierung zurück zu einer linken Volkspartei kann sicherlich kontrovers diskutiert werden. Es scheint jedoch klar zu sein, dass die SPD in dieser Phase der Neuorientierung in einer Identitätskrise zu stecken scheint. Zukünftige Wahlergebnisse werden zeigen in wie weit die neue allgemein gehaltene Programmatik der SPD die Wählerschaft überzeugen wird.

Geschickt jedenfalls war der Schachzug der CDU sich auf ihrem Parteitag im Dezember 2007 als „Neue Mitte" zu definieren, nachdem die SPD sich freiwillig ins linke Parteispektrum gerückt hat.

---

[39] Vgl. http://www.parteitag.spd.de/servlet/PB/menu/1727812/index.html Zugriffsdatum: 13.12.2007 16:39
[40] Wortlaut des Programms: http://www.spd.de/show/1731549/Hamburger_Programm_final.pdf
Zugriffsdatum: 13.12.2007 16:30

4. Literaturverzeichnis

Elias, Norbert „Studien über die Deutschen : Machtkämpfe und Habitusentwicklung im 19. und 20. Jahrhundert"; Frankfurt am Main, 1989

Noß/Brill/Müller (Hrsg.) „Das SPD Buch – Organisation, Geschichte und Personen im Überblick"; Norderstedt; 2004

Potthoff/Miller „Kleine Geschichte der SPD 1848-2002"; Bonn; 2002

5. Abkürzungsverzeichnis:

ADAV	Allgemeinen Deutschen Arbeitervereins
CDU	Christlich Demokratisch Union Deutschlands
KPD	Kommunistische Partei Deutschlands
MSPD	Mehrheitssozialdemokratische Partei Deutschlands
SAP	Sozialistische Arbeiterpartei Deutschlands
SDP	Sozialdemokratischen Partei der DDR
SPD	Sozialdemokratische Partei Deutschlands
SDAP	Sozialdemokratischen Arbeiterpartei
USPD	Unabhängige Sozialdemokratische Partei Deutschlands
WASG	Wahlalternative Arbeit und soziale Gerechtigkeit e.V.